This book belongs to:

Este libro pertenece a:

✧✧✧✧✧✧✧✧✧✧✧✧✧✧✧✧✧✧✧✧✧✧✧✧

My
First Prayers

❖ ❖ ❖ ❖ ❖ ❖ ❖ ❖ ❖ ❖ ❖ ❖

Mis Primeras
Oraciones

Esta edición fue publicada en 2008

Parragon
Queen Street House
4 Queen Street
Bath, BA1 1HE, UK

Oraciones adicionales de Meryl Doney y Jan Payne
Traducción del inglés y adaptación: Marina Bendersky
para Equipo de Edición, S.L., Barcelona
Edición y maquetación: Equipo de Edición, S.L., Barcelona

ISBN 978-1-4075-0866-5
Impreso en China

My First Prayers

✧ ✧ ✧ ✧ ✧ ✧ ✧ ✧ ✧ ✧ ✧ ✧ ✧ ✧

Mis Primeras Oraciones

Illustrated by Caroline Jayne Church

Ilustrado por Caroline Jayne Church

Bath New York Singapore Hong Kong Cologne Delhi Melbourne

CONTENIDO

My World
is Wonderful
Mi mundo
es maravilloso

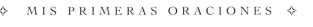

All things bright and beautiful,
All creatures, great and small,
All things wise and wonderful,
The Lord God made them all.

Todas las cosas luminosas y hermosas,
todas las criaturas grandes y pequeñas.
Todas las cosas sabias y maravillosas,
fueron creadas por Dios, mi Señor.

Each little flower that opens,
Each little bird that sings,
He made their glowing colors,
He made their tiny wings.

Cada pequeña flor que se abre,
cada pajarito que canta y trina,
Él creó sus colores brillantes
y sus suaves alitas.

The tall trees in the greenwood,
The meadows where we play,
The rushes by the water
We gather every day—

**Los altos árboles del bosque,
el prado donde jugamos,
el torrente de agua
donde cada día nos bañamos.**

He gave us eyes to see them,
And lips that we might tell
How great is God Almighty,
Who has made all things well.

**Él nos dio ojos para mirar
y labios para alabar
la grandeza del Señor,
que creó un mundo sin par.**

CECIL FRANCIS ALEXANDER (1823–1895)

Thank you, God, for showing me
The perfect beauty of a tree.
I didn't know a tree could be
Remarkable, like You and me.

Gracias a Dios, por mostrarme
la belleza de este árbol,
no sabía que un árbol podía ser
tan sorprendente como yo y Él.

God made the world so broad and grand,
Filled with blessings from His hand.
He made the sky so high and blue,
And all the little children, too.

ANONYMOUS

Dios hizo al mundo tan amplio y enorme,
lleno de bendiciones para el hombre.
Hizo el cielo, tan azul y alto, y a todos
los niños que aquí habitamos.

ANÓNIMO

For this new morning and its light,
For rest and shelter of the night,
For health and food, for love and friends,
For every gift your goodness sends,
We thank You, gracious Lord.

ANONYMOUS

Por la luz del amanecer,
por el descanso y el abrigo del anochecer,
por la salud y la comida, el amor y los amigos,
por cada regalo que tu bondad nos hizo,
Nuestro Señor, ¡gracias! te digo.

ANÓNIMO

For air and sunshine, pure and sweet,
We thank our heavenly Father;
For grass that grows beneath our feet,
We thank our heavenly Father;
For lovely flowers and blossoms gay,
For trees and woods in bright array,
For birds that sing in joyful lay,
We thank our heavenly Father.

ANONYMOUS

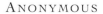

Por el aire puro y este sol que ves
te doy las gracias, Padre.
Por la hierba que crece bajo nuestros pies,
te doy las gracias, Padre.
Por todas las flores que crecen hermosas,
por los árboles del bosque y sus ramas vigorosas.
Por las aves que brindan melodías preciosas,
te doy las gracias, Padre.

ANÓNIMO

Tomorrow is a special day
Because I'm going far away.
I'm going where there's sand and sea,
And striped rock in packs of three.
Thank you, God, for such good things,
For rocks and boats and rubber rings,
For sand and shells and sky and sun,
For the simple joy of having fun.

Mañana es un día especial,
porque viajaré muy lejos de acá.
Iré donde están la arena y el mar.
Hay rocas y peces ¡un bello lugar!
Gracias, Dios, por estas cosas.
Por los barcos, las olas y los juguetes de goma.
Por la arena y los caracoles, el cielo y el sol.
¡Y por brindarme tanta diversión!

Dear God,
Thank you for the sun so bright
That fills the world with dazzling light.
And thank you for the muffled sound
When snow lies thickly on the ground.

A special thanks for gentle rain,
Which helps the grass grow green again.
But please, God, send the wind, I pray
So I can fly my kite today.

Querido Dios,
gracias por darnos un sol tan brillante
que llena al mundo con su luz deslumbrante.
Y gracias por el sonido apagado
de la nieve al caer sobre el suelo mojado.

Y gracias especiales por la lluvia buena
que ayuda a que vuelva a crecer la hierba.
Pero Dios, por favor, un viento te pido
para poder llevar la cometa conmigo.

The year's at the spring;
The day's at the morn;
Morning's at seven;
The hillside's dew-pearled;
The lark's on the wing;
The snail's on the thorn;
God's in His heaven —
All's right with the world!

El año en primavera;
el día en la mañana;
la mañana a las siete;
el rocío en la colina;
el ala de la alondra;
el caracol sobre la espina;
¡Dios está en los cielos,
y el mundo nos asombra!

ROBERT BROWNING (1812–1889)

O, thought I!
What a beautiful thing
God has made winter to be
By stripping trees
And letting us see
Their shape and forms.
What a freedom does it seem
To give them to the storms.

Cuando el invierno creó,
algo hermoso Dios nos dio.
Los árboles pelados muestran
sus formas y sus siluetas.
Así parecen ser libres
para entregarse a la tormenta.

DOROTHY WORDSWORTH (1771–1855)

God bless the field and bless the furrow,
Stream and branch and rabbit burrow.
Bless the minnow; bless the whale.
Bless the rainbow and the hail.
Bless the wing and bless the fin.
Bless the air I travel in.
Bless the earth, and bless the sea.
God bless you, and God bless me.

ANONYMOUS

Bendice, Dios, el campo y la tierra buena.
El arroyo, la rama y la conejera.
Bendice la ballena y el pececito.
Bendice el arco iris y el granizo.
Bendice las alas y las aletas.
Bendice el aire que vuela mi cometa.
Bendice el suelo y bendice el mar.
A ti y a mí también nos bendecirá.

ANÓNIMO

Mary is my best friend.
She's never rude or mean.

**Mi mejor amiga es Magda,
nunca es grosera y jamás se enfada.**

Jamie is the tallest,
And thinks he is the boss.

**Como Jaime es el más alto,
cree que nos puede tener a
los saltos.**

Jason wears a white shirt,
And gets his math all right.

**Julio usa camisa blanca,
y es el que mejores notas saca.**

Alice is the sweetest.
Her curls are small and tight.

Alicia es la más dulce,
tiene un lindo cabello.

All my friends are special.
They mean a lot to me.
And Jesus is my friend as well
Because he cares for me.

Todos mis amigos son especiales.
Tenerlos cerca es algo muy bello.
Y Jesús también es mi amigo
porque siempre está conmigo.

Joy to the world!
The Lord is come.
Let earth receive her King.
Let every heart
Prepare Him room,
And heav'n and nature sing,
And heav'n and nature sing,
And heav'n, and heav'n
And nature sing.

Joy to the world!
The Savior reigns.
Let men their songs employ.
While fields and floods,
Rocks, hills, and plains
Repeat the sounding joy,
Repeat the sounding joy,
Repeat, repeat
The sounding joy.

ISAAC WATTS (1674–1748)

¡Alegría para el mundo!
El Señor está aquí.
Dejemos que la tierra lo reciba feliz.
Que cada corazón le haga lugar.
Y los cielos y la naturaleza
canten así,
y los cielos y la naturaleza
canten así,
y los cielos y los cielos
y la naturaleza canten.

¡Alegría para el mundo!
El Salvador reina.
Dejemos que los hombres canten
sus sones,
Mientras los campos, los ríos
y las canteras,
las rocas, las colinas y las praderas,
Repiten el son de alegría,
repiten el son de alegría,
repiten, repiten,
el son de alegría.

Dear God,
I love to be on the beach
Where the sand meets the sea.
It reminds me what a wonderful world you've made.
On the beach I can look far out
Where the sea meets the sky
And know that there's a wonderful world out there.
Perhaps one day
I'll go traveling and see the world.

Querido Dios,
me encanta estar en la playa
donde la arena se encuentra con el mar.
Me recuerda lo hermoso que es el mundo que
Tú has creado.
En la playa puedo mirar a lo lejos
el sitio donde el mar se funde con el cielo
y saber que existe un maravilloso mundo por allí.
Tal vez algún día
yo viaje y conozca el mundo.

Thank you for flowers.
Thank you for trees.
Thank you for grasses,
That toss in the breeze.
Thank you, dear Father,
For all things that grow
In sunshine and rain,
And the glowing rainbow.

Gracias por las flores.
Gracias por los árboles.
Gracias por la hierba
que la brisa despeina.
Gracias te doy, Padre,
por todo lo que crece
bajo la lluvia o el sol,
cuando el arco iris aparece.

Wide as the world,
(spread arms wide)

Ancho como el mundo,
(abre los brazos)

Deep as the sea,
(point down deep)

profundo como el océano,
(señala hacia abajo)

High as the sky,
(point up high)

alto como el cielo,
(señala hacia arriba)

Is your love for me.
(hug yourself)

así es tu amor por mí.
(abrázate)

God bless our school.
Help our teachers.
Strengthen the Principal.
And bless all the children.
Amen

Bendice, Dios, nuestra escuela,
ayuda a nuestros maestros,
dale fuerza al director
y bendice a mis compañeros.
Amén

I have
quiet friends,
noisy friends,
funny ones and sad,
many friends,
few friends,
sensible and mad,
good friends,
naughty friends,
tall friends and short.
Thank you, God,
for giving me
friends of every sort.

Tengo
amigos silenciosos,
amigos ruidosos,
amigos tristes y otros graciosos,
muchos amigos,
pocos amigos,
sensibles y algo locos conmigo,
amigos buenos,
amigos que dan trabajo,
amigos altos y amigos bajos.
Gracias, Dios,
por haberme dado
un grupo de amigos tan variado.

When I travel in a bus,
I see the streets and houses.
When I go in a train,
I see the fields and hills.
When I fly in an airplane,
I can see the whole country.
If I could go up in a rocket,
I would see the whole world.
Thank you, God, for travel.
It shows me what a great world
You have made.

Cuando en autobús viajamos,
por calles y casas pasamos.
Cuando viajamos en tren,
vemos prados y montes, también.
Cuando en avión volamos,
todo el país avistamos.
Si pudiera ir en un cohete espacial,
la Tierra entera podría mirar.
Te agradezco, Dios, por los viajes
que nos demuestran
el maravilloso mundo que nos dejaste.

God Bless
the Animals
Bendice a
los animales

Jesus, our brother, strong and good,
Was humbly laid in a manger of wood.
And the friendly beasts around Him stood,
Jesus, our brother, strong and good.

Jesús, nuestro hermano, tan fuerte y tan bueno,
nació en un pesebre, en medio del heno.
Los animalitos se acercaron a verlo.
Jesús, nuestro hermano, tan fuerte y tan bueno.

"I," said the donkey, shaggy and brown,
"I carried His mother uphill and down.
I carried her safely to Bethlehem town.
I," said the donkey, shaggy and brown.

"Yo", dijo el burro, peludo y café,
"cargando a Su madre por colinas pasé.
Yo fui quien sana y salva en su pueblo la dejé",
aseguró el burro, peludo y café.

"I," said the cow, all white and red,
"I gave Him my manger for His bed.
I gave Him my hay to pillow His head,
I," said the cow, all white and red.

"Yo", dijo la vaca, marrón y blanca,
"le ofrecí mi pesebre para que use de cama.
Y le di mi heno para que use de almohada",
exclamó la vaca marrón y blanca.

"I," said the sheep with the curly horn,
"I gave Him my wool for His blanket warm.
He wore my coat on Christmas morn.
I," said the sheep with curly horn.

"Yo", dijo el carnero, "le di mi lana
para que la tejieran haciendo una manta.
Él se abrigó con mi lana blanca
en la Navidad, y por las mañanas".

"I," said the dove, from the rafters high,
"Cooed Him to sleep, my mate and I.
We cooed Him to sleep, my mate and I.
I," said the dove, from the rafters high.

"Yo", dijo la paloma desde lo más alto,
"le arrullé para que duerma con mi canto.
Le arrullé para que duerma con mi canto",
dijo la paloma, desde lo más alto.

And every beast by some good spell,
In the stable dark was glad to tell,
Of the gift he gave Immanuel,
The gift he gave Immanuel.

Y todos los animales, regocijados,
en el oscuro establo con alegría contaron
los regalos que a Emanuel habían dado,
los regalos que a Emanuel habían dado.

TWELFTH-CENTURY CAROL

BASADO EN UN VILLANCICO DEL S. XII

Thank you, God, for giving us
The hippo and rhinoceros.
Thanks for parrots bold and bright,
And zebras handsome in black and white.
For elephants with giant feet,
And anteaters so trim and neat.
I wouldn't want the world to be
Empty except for you and me.

Gracias, Dios, por darnos
los rinocerontes y los hipopótamos.
Gracias por los loros de colores brillantes
y las cebras con sus rayas elegantes.
Por los elefantes de pesadas patas
y el oso hormiguero de lengua tan larga.
Por favor, una larga vida dales
a todos nuestros amigos animales.

The little cares that fretted me,
I lost them yesterday.
Among the fields, above the sea,
Among the winds at play,
Among the lowing herds,
The rustling of the trees,
Among the singing of the birds,
The humming of the bees.

The foolish fears of what might pass,
I cast them away,
Among the clover-scented grass,
Among the new-mown hay,
Among the hushing of the corn
Where the drowsy poppies nod,
Where ill thoughts die and good are born—
Out in the fields with God.

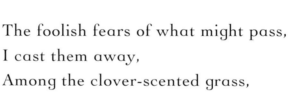

LOUISE IMOGEN GUINEY (1861–1920)

Cuando me inquieto, Tú me contienes.

Ya no siento miedo, porque estás conmigo.

Entre los campos, sobre los mares,

entre los vientos y los rebaños.

En el susurro de los árboles,

en el canto de los pájaros,

en el zumbido de las abejas.

Los temores de lo que puede pasar,

yo voy a alejar.

Entre la fresca hierba,

entre el heno recién cortado,

entre las espigas doradas,

y las coloridas amapolas.

Donde los pensamientos enfermos mueren

y nacen otros buenos.

En los campos del Señor.

LOUISE IMOGEN GUINEY (1861–1920)

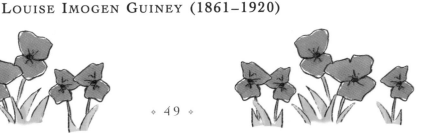

Little lamb, who made thee?
Dost thou know who made thee?
Gave thee life and bade thee feed
By the stream and over the mead;
Gave thee clothing of delight,
Softest clothing, woolly, bright;
Gave thee such a tender voice
Making all the vales rejoice?
      Little lamb, who made thee?
      Dost thou know who made thee?

Little lamb, I'll tell thee;
Little lamb, I'll tell thee;
He is called by the name,
For He calls himself a Lamb;
He is meek and He is mild,
He became a little child.
I a child and thou a lamb,
We are called by His name,
      Little lamb, God bless thee!
      Little lamb, God bless thee!

WILLIAM BLAKE (1757–1827)

Corderito, ¿quién te hizo?
¿Sabes tú quién te creó?
Te dio vida y te alimenta.
Te dio el arroyo y la pradera.
Te dio un abrigo suave y caliente.
Te dio la lana que todos tejen.
Te dio una voz muy dulce y tierna.
¿Sabes tú quién ha sido?
  Corderito, ¿quién te hizo?
  ¿Sabes tú quién te creó?

Corderito, te lo digo.
Corderito, te lo digo yo.
Él se hace llamar a sí mismo Cordero.
Él es dócil, Él es manso.
Se convirtió en un chiquito.
Soy un niño y tú un cordero.
Nos llamamos por Su nombre.
  ¡Corderito, que Dios te bendiga!
  ¡Corderito, que Dios te bendiga!
  WILLIAM BLAKE (1757–1827)

Hurt no living thing:
Ladybug, nor butterfly,
Nor moth with dusty wing,
Nor cricket chirping cheerily,
Nor grasshopper so light of leap,
Nor dancing gnat, nor beetle fat,
Nor harmless worms that creep.

CHRISTINA ROSSETTI (1830–1894)

Que nadie haga daño a los seres vivos:
ni a las mariquitas ni a las mariposas,
ni a las polillas de alas polvorosas,
ni a los grillos que cantan,
ni a las langostas que saltan.
Ni al mosquito que danza,
ni al escarabajo con panza.
Ni a los gusanos, que con calma avanzan.

CHRISTINA ROSSETTI (1830–1894)

From ghoulies and ghosties,
Long-leggety beasties,
And things that go bump in the night,
Good Lord deliver us.

TRADITIONAL

Dios, líbranos de
lo macabro y lo fantasmagórico,
de bestias de patas largas
y de los seres que acechan en la noche.

TRADICIONAL

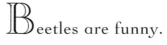

Beetles are funny.
Ants are, too.
Sometimes I like them, so my prayer is,
"Thank you, God, for the smallest things."

Spiders are scary. Mice are, too.
Moths have fluttery wings.
Sometimes I hate them,
so I say, "Help me
not to be scared of the smallest things!"

Los escarabajos son graciosos.
Las hormigas, también.
A veces me agradan, por eso hoy te rezo:
"Gracias, Dios mío, por las cosas pequeñas".

Las arañas me dan miedo. Los ratones, también.
Las polillas tienen alas peludas.
A veces los odio, por eso hoy te pido:
"¡Ayúdame a no asustarme de las cosas pequeñas!"

When dogs bark and hamsters squeak,
Are they really trying to speak?
When hens and roosters cluck and crow,
Are they really in the know?
Dear God, do animals talk to you
And tell you what they'd like to do?
For, if they can't, I'd like to say,
Please watch over them today.

Cuando el cobayo chilla y el perro ladra,
¿no parece que hablan?
Cuando las gallinas y los gallos graznan y cacarean,
¿de verdad se expresan?
Querido Dios, haz que los animales te hablen
y te digan qué les gustaría hacer.
Y, si eso no es posible, quisiera pedirte
que por favor los cuides hoy, mañana y siempre.

To all the humble beasts there be,
To all the birds on land and sea,
Great Spirit, sweet protection give
That free and happy they may live!

Atodas las bestias que existen,
a todas las aves de tierra y de mar,
protégelas, Dios, y ayúdalas siempre
para que vivan en libertad.

The lark's on the wing;
The snail's on the thorn;
God's in His Heaven—
All's right with the world!

ROBERT BROWNING (1812–1889)

El ala de la alondra;
el caracol sobre la espina;
¡Dios está en los cielos,
y el mundo nos asombra!

ROBERT BROWNING (1812–1889)

Please listen to this special prayer,
And if I start to cry,
It's because my parrot's ill
And I think he's going to die.
Nothing lives forever,
That is something I know.
But even though I know it,
I wish it wasn't so.

Por favor oye esta oración especial,
y si empiezo a llorar
es porque mi loro está mal.
Está muy enfermo, creo que morirá.
Nada vive para siempre,
me contaron a mí.
Pero me gustaría que no fuera así.

P lease God,
You know how much we love *[pet's name]*
And now *[pet's name]* is not very well.
Please help us to look after *[pet's name]*.
Help the vet to know how to treat *[pet's name]*
And, if possible, make *[pet's name]* better again.
Amen

P or favor, Dios mío,
sabes cuánto amamos a ***[nombre de la mascota]***
y ahora ***[nombre de la mascota]*** no está bien.
Por favor ayúdanos a cuidar de ***[nombre de la mascota]***.
Ayuda al veterinario a tratar a ***[nombre de la mascota]***.
Y, si es posible, haz que ***[nombre de la mascota]*** se mejore.
Amén

Dear God,

Our pets are very special.
They give us love
and many happy hours.
They teach us how to love
and look after them.

They are our friends.
They let us know we're not alone.
So when they die, we are sad inside.
Help us in our sadness
to remember all the good things about our pets
and to thank you for them.
Amen

Querido Dios,
nuestras mascotas son muy especiales.
Nos brindan amor
y momentos felices.
Nos enseñan a amarlos
y cuidarlos.

Son nuestros amigos.
Nos hacen saber que no estamos solos.
Por eso, cuando mueren, nos sentimos muy tristes.
Ayúdanos a superar la tristeza
y a recordar las cosas buenas que vivimos con ellos.
Te agradecemos por haberlos tenido con nosotros.
Amén

Thank You
for My Food
Gracias por
los alimentos

Thank you, God,
that I can break
my nighttime fast
with breakfast.
What a great way
to start a day!
Amen

Gracias, Dios, por
ayudarme a cortar mi sueño
y levantarme muy risueño.
Un desayuno delicioso,
¡es la mejor forma
de empezar un día hermoso!
Amén

Munch, munch, munch,
Thank you for our lunch.

¡Mmm, me encanta eso!
Gracias por nuestro almuerzo.

Thank you for my dinner.
Thank you for my friends.
Thank you for my family.
And love that never ends.

Gracias por mi cena.
Gracias por mis amigos.
Gracias por mi familia
y por el amor que nunca se acaba.

For what we are about to receive,
May the Lord make us truly thankful.

Amen

ANONYMOUS

Por lo que estamos por recibir,
Señor, te estamos agradecidos.

Amén

ANÓNIMO

School lunches can taste nasty.
School lunches can taste nice.
But I love my school lunches.
I could eat them twice!
Some days I eat up everything.
Sometimes I like to share.
Thank you for school lunches, God,
Because my friends are there.

Las viandas escolares pueden saber mal.
Las viandas escolares pueden saber bien.
Pero a mí me agradan;
¡podría comer cien!
A veces como todo.
A veces lo comparto.
Gracias, Dios, por las viandas,
que entre mis amigos reparto.

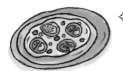

Pizzas and burgers, a plate of hot dogs,
Barbecued chicken that everyone hogs!

Jell-O™ and ice-cream, a big birthday cake,
Gingerbread cookies, which I helped to make.

These are the things that we all love to eat.
Thank you, dear Father, for each tasty treat.

Pizzas y hamburguesas, salchichas al plato,
recién doradito ¡un pollito asado!

Gelatina, helado y un rico pastel,
galletas de jengibre, de limón y miel.

Esas son las cosas que me gusta probar.
Gracias, querido Padre, por dejármelas saborear.

I pray that ordinary bread,
Be just as nice as cake;
I pray that I could fall asleep,
As easy as I wake.

Anonymous

P ido que el pan aquel,
sea tan rico como un pastel.
Pido que conciliar el sueño
sea tan fácil como estar despierto.

Anónimo

Oh, the Lord is good to me,
And so I thank the Lord
For giving me the things I need,
The sun, the rain, and the apple seed,
Oh, the Lord is good to me.

ATTRIBUTED TO JOHN CHAPMAN, AMERICAN
PIONEER AND PLANTER OF ORCHARDS (1774–1845)

Oh, el Señor es bondadoso conmigo,
y por eso le doy las gracias.
Lo que necesito, Él me lo ofrece:
el sol, la lluvia y las semillas que crecen.
Oh, el Señor es bondadoso conmigo.

Cows make milk,
And bees make honey.
Farmers cut corn
When it's sunny.
Plums and apples
Grow on trees.
And in Dad's garden
Are beans and peas.
Thank you, God,
For the food I eat,
For fruit and milk
And bread and meat.
If it wasn't for
These gifts from you
I really don't know what we'd do!

Las vacas nos dan la leche,
y las abejas, la miel.
Los granjeros cortan maíz
cuando el sol brilla, también.
En los árboles crecen
ciruelas y manzanas.
Y en el jardín de mi padre
hay guisantes y bananas.
Te agradezco, Dios mío,
por saciar siempre mi hambre.
Por la leche, por la fruta,
por el pan y por la carne.
Si no fuera por estos regalos
no sabríamos cómo arreglarnos.

Red tomato, orange carrot,
Yellow pepper, lettuce green,
Beetroot that has blue and purple
Indigo and violet sheen.
Thank you, God, that in my salad
Rainbow colors can be seen.

El tomate es rojo, naranja la zanahoria.
Amarillo es el pimiento y muy verde la achicoria.
La remolacha es púrpura,
y un brillo índigo y azul la inunda.
Gracias, Dios, porque en mi ensalada pusiste
todos los colores que en el arco iris existen.

Dear God above,
For all your love
and for our food
we thank you.

**Querido Dios,
por todo tu amor
y por nuestros alimentos,
te damos las gracias.**

Here are the apples, here the pears,
Crusty bread and cream éclairs.
Potatoes and onions, barley and rye,
Honey in pots and rhubarb pie.
Berries and cherries and bales of hay,
Thanks be for the harvest
God gave us today.

Aquí están las manzanas, aquí están las peras.
El pan crocante y los postres con crema.
Papas y cebollas, cebada y avena,
miel en tarros grandes, pasteles que llenan.
Fresas y cerezas, y fardos de heno.
Agradecer por la cosecha
que nos da Dios es bueno.

Father, we thank Thee for this food,
For health and strength and all things good.
May others all these blessings share,
And hearts be grateful everywhere.

TRADITIONAL

Padre, te damos gracias por este alimento.
Por la salud y la fuerza que nos da sustento.
Y si otros esta bendición comparten,
estarán agradecidos en todas partes.

TRADICIONAL

God is great.
God is good.
Let us thank Him
For this food.
Amen

ANONYMOUS

Dios es grandioso.
Dios es bueno.
Vamos a agradecerle
por este alimento.
Amén

ANÓNIMO

Thank you, God,
For this day,
This family,
And this food.
Amen

Gracias, Dios,
por este día,
esta familia
y estos alimentos.
Amén

Thank you for the precious food
I eat three times a day.
Some children eat just once a week
In countries far away.
I wish that I could help them,
But I don't know what to do.
Please, God, will you make sure
That they have three meals, too?

Gracias, Dios, por la valiosa comida
que disfruto tres veces al día.
Algunos niños comen una vez por semana
en países que están lejos de mi casa.
Me gustaría ayudarlos,
pero no sé qué debo hacer.
Por favor, Dios, asegúrate
de que ellos coman tres veces, también.

J esus fed the multitude
On five loaves and two fishes.
We don't know how He did it
But, Jesus, bless these dishes!

J esús alimentó a una multitud
con cinco panes y dos pescados.
No sabemos cómo lo ha logrado,
¡pero, Jesús, bendice los platos que has dado!

May we who have much
remember those who have little.
May we who are full
remember those who are hungry.
May we who are loved
remember those who are lonely.
May we who are safe
remember those who are in danger.
May we who have so much
Learn to share.

Que los que tenemos mucho
recordemos a los que tienen poco.
Que los que estamos llenos,
recordemos a quienes tienen hambre.
Que quienes somos amados,
recordemos a quienes están solos.
Que quienes estamos a salvo,
recordemos a quienes están en peligro.
Que quienes tenemos tanto
aprendamos a compartir.

Look After
My Family
Cuida a mi familia

Peace be to this house
And to all who dwell here.
Peace be to those that enter
And to those that depart.

ANONYMOUS

Que haya paz en esta casa
y en todos los que la habitamos.
Que tengan paz los que vienen
y los que se van.

ANÓNIMO

Dear God,
You won't be pleased
With what I did today.
My sister tried to kiss me,
But I turned my face away.
Please tell her that I love her,
And I'm really going to try
To be a lot more loving,
But it's hard because I'm shy.

Querido Dios,
no te alegrará
lo que hoy le hice a mi hermana.
Ella intentó darme un beso
y le di vuelta la cara.
Por favor dile que la quiero
y que yo voy a intentar
que esto no pase de nuevo,
aunque al ser tímido, me va a costar.

God bless you.
God bless me.
And keep us safe
As safe can be.

Dios te bendice
y a mí también.
Nos mantiene a salvo
a más no poder.

God bless all those that I love.
God bless all those that love me.
God bless all those that love those that I love,
And all those that love those that love me.

FROM AN OLD NEW ENGLAND SAMPLER

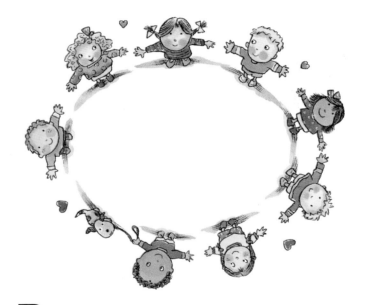

Bendice, Dios, a aquellos que yo amo.
Bendice, Dios, a aquellos que me aman.
Bendice, Dios, a todos aquellos que aman aquellos que yo amo.
Y a todos aquellos que aman aquellos que me aman.

DE UN VERSO ANTIGUO DE NUEVA INGLATERRA

God bless Mom and Dad
For all the good times we have had;
For vacations, birthdays, Christmas fun;
For games and races that I won!

Dios, bendice a mis padres queridos
por los buenos tiempos que hemos compartido.
Por las vacaciones, fiestas y navidades.
¡Por los juegos que yo siempre he de ganarles!

For afternoons spent in the park;
For watching fireworks after dark;
For all the stories they have read
At night, when I go up to bed.
Keep them safe, oh Lord, I pray,
So I can love them every day.

**Por las tardes que pasamos en la plaza;
por los fuegos de artificio que vimos desde la terraza;
por todas las noches en que me leen cuentos,
cuando, muy cansado, en mi cama me acuesto.
Mantenlos, te ruego, Dios mío, a salvo
así cada día yo puedo abrazarlos.**

Once I was a baby.
Now suddenly, I'm not!
And there's someone else
Sleeping in my cot.
Mom says it's my new brother.
He's very small and sweet,
With hands the size of daisies
And very smooth, pink feet.
I think I'm going to like him,
And I know that he'll like me.
God, won't it be terrific
When I can hold him on my knee?

Una vez yo fui un bebé.
De pronto, ¡ya no lo soy!
Y hay alguien más
durmiendo en mi cuna hoy.
Mamá dice que es mi nuevo hermano.
Muy dulce y pequeño es,
con manos como florcitas,
suaves y rosados pies.
Creo que me agradará.
Y sé que le agradaré.
Dios, ¿no será algo genial
cuando pueda jugar con él?

We've got a new baby.
It's part of our family now.
When it holds my hand,
and when it smiles at me,
I like it very much.

Tenemos un nuevo bebé.
Ahora es parte de nuestra familia.
Me encanta cuando
toma mi mano
y cuando me sonríe.

We've got a new baby.
It's hungry all the time.
When it makes a smell
and cries and cries,
I don't like it at all.

Tenemos un nuevo bebé.
Todo el tiempo tiene hambre.
Cuando hace sus cosas
y llora y llora,
no me gusta nada.

Thank you for our new baby.
On bad days and good;
It's part of our family now,
and I love it.

Gracias por nuestro nuevo bebé.
Por sus días malos y buenos.
Él es parte de nuestra familia, ahora.
Y lo amamos.

Dear God,
I do love my brother,
but I don't always like him.
Sometimes we fight
and do mean things to each other.
Help me to remember that,
even when I don't like him,
I still love him.
Amen

Querido Dios,
amo a mi hermano,
pero no siempre me agrada.
A veces peleamos
y somos malos el uno con el otro.
Ayúdame a recordar que,
aunque a veces no me agrade,
yo lo amo.
Amén

Thank you for Nana
Who does what she can
When we go to her place.
Thank you for Grandpa
Who knows where the candies are
And always says grace.

Gracias por la abuela,
que hace lo que puede
cuando vamos a su casa.
Gracias por el abuelo,
que sabe dónde están los dulces
y siempre habla con gracia.

Thank you for visits
And all kinds of treats.
Thank you for walking
Down different streets.
Thank you for good times
Wherever we roam.
But most of all, God,
Thank you for home.

**Te doy gracias por las visitas
y por todas las golosinas.
Te doy gracias por las caminatas
por las calles vecinas.
Gracias por los buenos tiempos.
Por donde hayamos querido vagar.
Pero, sobre todo, Dios mío,
te doy gracias por mi hogar.**

Grandma sits me on her knee,
Strokes my hair and sings to me.
Grandpa jokes and likes to play ball,
And picks me up when I fall.

La abuela me sienta sobre sus rodillas,
acaricia mi pelo y me hace cosquillas.
El abuelo hace bromas y a la pelota le gusta jugar.
Y sé que, si me caigo, una mano me va a dar.

At dinner, Grandpa likes to cook
While Grandma sits and reads a book.
I love them, Lord, and pray that they
Will be there for me every day.

**Al abuelo le gusta cocinar la cena,
mientras su libro lee en calma la abuela.
Como los amo, Dios, yo te pediría
que ellos estén junto a mí cada día.**

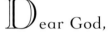

Dear God,
I kept a caterpillar in a jar,
and it went into a little black cocoon.
I thought it was dead.
But later, out of the cocoon
came a beautiful butterfly.
Help me to remember
that people who die
are a bit like my caterpillar.
In your home in heaven,
they will be happy again
like beautiful butterflies.
Amen

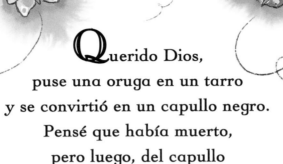

Querido Dios,
puse una oruga en un tarro
y se convirtió en un capullo negro.
Pensé que había muerto,
pero luego, del capullo
salió una hermosa mariposa.
Ayúdame a recordar
que la gente que muere
es un poco como mi oruga.
Y que en tu hogar en el cielo,
será feliz otra vez
como una hermosa mariposa.
Amén

Dear God,
Thank you for my family and the things we do together.
Thank you for the meals we eat,
for the jokes we share,
for the TV we watch,
for the place where we live.
Help us to remember that we are part of your family.

Look after my family when we have to be apart.
Thank you for the thoughts we share,
the phone calls we make,
the memories we keep,
the prayers we pray.
Help us to remember that you are with us all.
Amen

Querido Dios,
te agradezco por mi familia y por las cosas
que hacemos juntos.
Gracias por los alimentos que consumimos,
las bromas que compartimos,
la televisión que vemos,
el lugar donde vivimos.
Ayúdanos a recordar que somos parte de tu familia.

Cuida a mi familia cuando debemos estar separados.
Te agradezco por los pensamientos que compartimos,
las llamadas telefónicas que hacemos,
los recuerdos que conservamos,
las oraciones que rezamos.
Ayúdanos a recordar que siempre estás con nosotros.
Amén

Help Me
to Be Good
Ayúdame
a ser bueno

What can I give Him,
Poor as I am?
If I were a shepherd,
I would bring Him a lamb.

¿Qué puedo darle,
si tan pobre soy?
Le daría un cordero,
si fuera pastor.

If I were a wise man,
I would do my part—
Yet what I can I give Him:
Give Him my heart.

CHRISTINA ROSSETTI (1830–1894)

**Si fuera un hombre sabio,
sabría qué hacer:
mi corazón entero
se lo daría a Él.**

CHRISTINA ROSSETTI (1830–1894)

Guide us, teach us, and strengthen us,
O Lord, we beseech Thee,
Until we become such as Thou would'st have us be:
Pure, gentle, truthful, high-minded,
Courteous, generous, able, dutiful, and useful;
For Thy honor and glory.

CHARLES KINGSLEY (1819–1875)

Guíanos, enséñanos y danos fuerza.
Oh, Señor, te suplicamos,
hasta que nos transformemos en lo que Tú esperas que seamos:
puros, amables, honestos, cultos,
corteses, generosos, capaces, obedientes y útiles;
para honrarte y enaltecerte.

CHARLES KINGSLEY (1819–1875)

Lord, teach me all that I should know;
In grace and wisdom I may grow;
The more I learn to do Thy will,
The better may I love Thee still.

ISAAC WATTS (1674–1748)

Señor, enséñame lo que debería saber;
con gracia y sabiduría podré crecer.
Cuanto más hagas que pueda aprender,
mejor cada día amarte podré.

ISAAC WATTS (1674–1748)

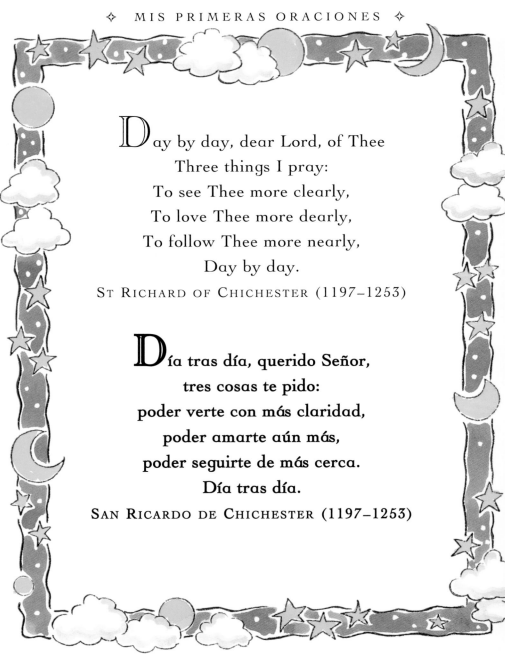

Day by day, dear Lord, of Thee
Three things I pray:
To see Thee more clearly,
To love Thee more dearly,
To follow Thee more nearly,
Day by day.

ST RICHARD OF CHICHESTER (1197–1253)

Día tras día, querido Señor,
tres cosas te pido:
poder verte con más claridad,
poder amarte aún más,
poder seguirte de más cerca.
Día tras día.

SAN RICARDO DE CHICHESTER (1197–1253)

O God, make us children of quietness and heirs of peace.
Amen
<small>St Clement</small>

Oh, Dios, haznos niños de la tranquilidad
y herederos de la paz.
Amén
<small>San Clemente</small>

Last night, when I went to sleep,
I prayed that you would help me keep
A promise that I made to Mom
Not to be so quarrelsome.

I've really tried so hard today
To keep the promise, come what may,
And, Jesus, you will never guess
I think I've managed, more or less!

La noche pasada, cuando me fui a dormir,
recé para que una promesa
me ayudes a cumplir:
le dije a mi mamá
que no pelearía más.

Hice todo lo posible
para cumplir lo que dije.
Y, Jesús, aunque no se pueda creer
¡creo que casi lo hago muy bien!

Dear God,
I'm going to really try
To be good as good all day,
And nice to all my special friends
When I go out to play.
If they say nasty things to me
I mustn't do the same.
I don't want Mom to tell me off,
Or worse—give me the blame!
But, God, it isn't easy
To be as nice as pie,
So I know that you will help me
To really, really try!

Querido Dios,
realmente voy a intentar
ser muy bueno cada día.
Amable con mis amigos
cuando vamos a jugar.
Si me dicen cosas feas
yo no los voy a imitar.
¡No quiero que me rete
o me culpe mi mamá!
Pero Dios, no es nada fácil
ser bueno como el pan.
Y sé que me ayudarás
a intentarlo de verdad.

This is me
Looking up at you.
Help me
Always be
Close to you.

Este soy yo
mirándote a ti.
Ayúdame
a estar siempre
cerca de ti.

J esus, may I walk your way
(point to feet)

**J esús, déjame seguir tu camino
(señala tus pies)**

in all I do
(hold out hands)

**en todo lo que haga,
(extiende tus manos)**

and all I say.
(touch finger to lips)
Amen

**y en todo lo que diga.
(toca tus labios con tu dedo)
Amén**

Keep me from being
too busy to see
when someone needs a little help
from someone like me.

No me permitas estar
tan ocupado como para no ver
cuando alguien necesita una ayudita
que alguien como yo puede ofrecer.

Help me to notice
when people need a hand.
Help me to see when they are sad
and need a friend.

Ayúdame a notar
cuando la gente necesita una mano.
Ayúdame a ver cuando están tristes
y necesitan un amigo.

Sometimes I'm good,
but I can be bad.
Sometimes I'm happy,
sometimes I'm sad.
I can be helpful,
I can be mean.
Sometimes I'm somewhere
in between.
Help me to do what I know I should do.
Help me to choose to be good like you.

A veces soy bueno,
pero puedo ser malo.
A veces estoy contento,
otras, apesadumbrado.
Puedo ser solidario,
y puedo ser mezquino.
A veces ni en una cosa ni en la otra termino.
Ayúdame a hacer lo que sé que debo.
Ayúdame a escoger, como Tú, ser bueno.

Gentle Jesus, hear me,
Will you please be near me,
I don't want to be alone,
Feeling sad all on my own.
Tomorrow will be different
At the start of a new day,
But until the morning comes,
Stay close to me, I pray.

Dulce Jesús, oye mi prédica,
por favor quédate cerca.
Yo no quiero estar solito,
me siento triste, te necesito.
Mañana será diferente
cuando el nuevo día comience.
Pero hasta que llegue la mañana,
te ruego que te quedes junto a mi cama.

Dear God,
Help me to be good
when I have to share my toys.
Help me to be good
when I'm making too much noise.
Help me to be good
and eat up all my greens.
Help me to be good
when I'm tempted to be mean.
Help me to be good
each and every day.
Help me to be good
in every single way.
Amen

Querido Dios,
ayúdame a ser bueno
cuando mis juguetes debo
compartir.
Ayúdame a ser bueno
cuando mis ruidos no dejan oír.
Ayúdame a ser bueno
y comer los vegetales en la cena.
Ayúdame a ser bueno
aun cuando ser malo no me
dé pena.
Ayúdame a ser bueno
cada día que pasa.
Ayúdame a ser bueno
fuera y dentro de casa.
Amén

It's a
Special Day
Es un
día especial

Our Father in heaven,
Hallowed be Your name.
Your kingdom come,
Your will be done,
On earth as it is in heaven.
Give us today our daily bread,
And forgive us our sins,
As we forgive those who sin against us.
And lead us away from temptation,
And deliver us from evil.
For Yours is the kingdom,
And the power, and the glory,
Forever and ever.
Amen

Padre nuestro que estás en el cielo,
santificado sea tu nombre.
Venga a nosotros tu reino.
Hágase tu voluntad
así en la tierra como en el cielo.
Danos hoy el pan nuestro de cada día
y perdona nuestros pecados
así como nosotros perdonamos a quienes nos ofenden.
No nos dejes caer en la tentación
y líbranos de todo mal.
Tuyo es el reino,
y el poder, y la gloria,
por siempre jamás.
Amén

Lord, be with us this day.
Within us to purify us;
Above us to draw us up;
Beneath us to sustain us;
Before us to lead us;
Behind us to restrain us;
Around us to protect us.

ST PATRICK (389–461)

Señor, quédate con nosotros este día.
Dentro de nosotros, para purificarnos;
sobre nosotros, para enderezarnos;
debajo de nosotros, para sostenernos;
delante de nosotros, para guiarnos;
detrás de nosotros, para contenernos;
a nuestro alrededor, para protegernos.

SAN PATRICIO (389–461)

God be in my head,
And in my understanding;
God be in my eyes,
And in my looking;
God be in my mouth,
And in my speaking;
God be in my heart,
And in my thinking;
God be at my end,
And at my departing.

THE SARUM PRIMER

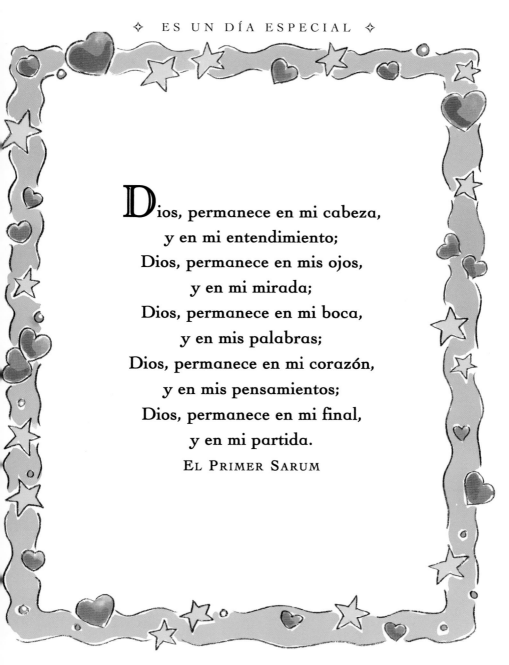

Dios, permanece en mi cabeza,
y en mi entendimiento;
Dios, permanece en mis ojos,
y en mi mirada;
Dios, permanece en mi boca,
y en mis palabras;
Dios, permanece en mi corazón,
y en mis pensamientos;
Dios, permanece en mi final,
y en mi partida.

EL PRIMER SARUM

Can I see another's woe,
And not be in sorrow, too?
Can I see another's grief,
And not seek for kind relief?
WILLIAM BLAKE (1757–1827)

¿Puedo ver el martirio de otro ser
y no sentir dolor, también?
¿Puedo ver la pena de otro
y no buscar un alivio pronto?
WILLIAM BLAKE (1757–1827)

Let us with a gladsome mind
Praise the Lord for He is kind;
For His mercies shall endure,
Ever faithful, ever sure.
JOHN MILTON (1608–1674)

Dejen que con alegría
alabemos al Señor por su bondad.
Así su piedad perdura
siempre fiel, siempre segura.
JOHN MILTON (1608–1674)

Here is the church. *(link hands)*

Aquí está la iglesia. **(entrelaza los dedos)**

Here is the steeple. *(put index fingers together)*

Aquí está la punta. **(junta los dedos índices)**

Look inside.

Mira adentro.

(keeping your hands linked,
turn them upside down)

**(manteniendo entrelazadas
las manos, inviértelas)**

Here are the people!
TRADITIONAL

¡Aquí está la gente, junta!
TRADICIONAL

(wiggle your fingers)

(mueve los dedos)

When God finished making the world
He had a rest, put up his feet,
And said, "That's good!"
Dear God, thank you for Sundays.
Help us to rest and play,
To celebrate and say, "That's good!"

Cuando Dios terminó de crear el mundo
se tomó un descanso, levantó sus pies
y dijo: "¡Esto es bueno!".
Querido Dios, gracias por los domingos.
Ayúdanos a descansar y jugar.

Today is a day to remember—
I finally pulled out my wobbly tooth!
I feel more grown-up already.
Thank you, God, for special days to remember.
Amen

Hoy es un día para recordar,
¡al fin se salió mi diente de leche!
Ya me siento más grande.
Gracias, Dios, por los días especiales para recordar.
Amén

Sunday should be a fun day,
not a glum day.
Sunday should be a rest day,
not a work day.

El domingo debería ser un día divertido,
no un día triste.
El domingo debería ser un día de descanso,
no uno de trabajo.

These candles on my cake,
I blow them out,
A wish I make.
To this wish
I add a prayer:
Please, God, be with me
Everywhere.

Soplo todas
las velas de mi torta,
pido un deseo
y agrego una oración,
para que Dios siempre esté
dentro de mi corazón.

Dear Jesus,

Everyone thought you were dead.

They took you down from the cross, with tears in their eyes,

and buried you in a cave with a big stone outside.

Then they went home — the saddest people on earth.

Later, they went back

to take flowers, but they got such a shock.

The stone was rolled away; the cave was empty;

and you were walking in the garden.

Then, they were the happiest people on earth.

No wonder we are happy at Easter.

We know that you're alive

and always will be.

Querido Jesús,

todos pensaron que habías muerto.

Te bajaron de la cruz con lágrimas en los ojos,

y te enterraron en una cueva con una gran roca en la puerta.

Entonces regresaron a sus casas,

más tristes que nadie en el mundo.

Más tarde volvieron a traer flores,

pero quedaron boquiabiertos:

la roca estaba a un lado, la cueva estaba vacía

y tú caminabas por el jardín.

Entonces ellos se sintieron más felices que nadie en el mundo.

No es de extrañar que estemos contentos en Pascuas.

Sabemos que estás vivo

y siempre lo estarás.

Happy Birthday, Jesus!
Thank you for sharing your special day with us.
The kings brought you gifts,
so we give presents.
Your family was happy,
and we have parties and food.
Thank you for giving us Christmas.
Happy Birthday, Jesus!

¡Feliz cumpleaños, Jesús!
Gracias por compartir tu día especial con nosotros.
Los reyes te llevaron regalos,
por eso nosotros damos obsequios.
Tu familia estaba feliz,
y nosotros celebramos con fiestas y cenas.
Gracias por darnos la Navidad.
¡Feliz cumpleaños, Jesús!

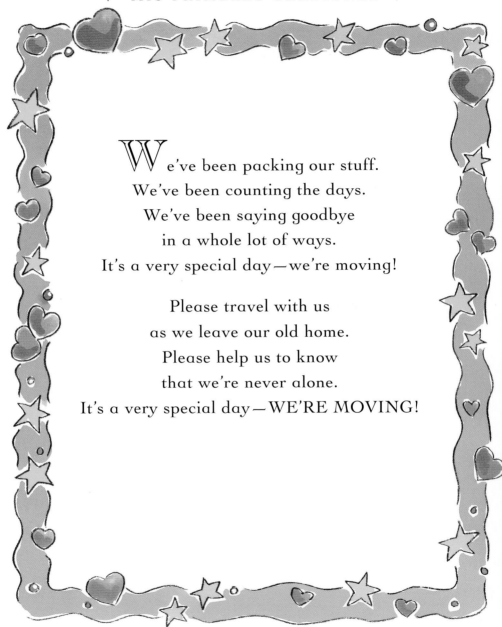

We've been packing our stuff.
We've been counting the days.
We've been saying goodbye
in a whole lot of ways.
It's a very special day—we're moving!

Please travel with us
as we leave our old home.
Please help us to know
that we're never alone.
It's a very special day—WE'RE MOVING!

Hemos estado empacando nuestras cosas.
Hemos estado contando los días.
Hemos estado diciendo adiós
de muchas formas distintas.
Este es un día muy especial, ¡nos mudamos!

Por favor viaja con nosotros
cuando dejemos nuestra vieja casa.
Por favor ayúdanos a recordar
que nunca estamos solos.
Este es un día muy especial: ¡NOS MUDAMOS!

Now I'm
Going to Sleep
Ahora me
iré a dormir

Now the daylight goes away,
Savior, listen while I pray.
Asking Thee to watch and keep
And to send me quiet sleep.

Jesus, Savior, wash away
All that has been wrong today:
Help me every day to be
Good and gentle, more like Thee.

REV. W.H. HAVERGALE (c.1877)

Ahora que el día dice adiós,
Salvador, oye mi oración.
Que me observes y me cuides, te pido.
Y que me brindes un sueño tranquilo.

Jesús, Salvador, aleja de donde estoy
todo aquello que ha estado mal hoy.
Ayúdame a ser, cada día que pasa,
bueno y gentil, a tu semblanza.
REV. W. H. HAVERGALE (c. 1877)

God bless this house
from roof to floor.
The twelve apostles guard the door;
Four angels to my bed;
Gabriel stands at the head,
John and Peter at the feet,
All to watch me while I sleep.

TRADITIONAL

Dios, bendice esta casa
desde el piso hasta la terraza.
Los doce apóstoles cuidan la entrada;
hay cuatro ángeles en mi cama.
Gabriel está en la cabecera,
Juan y Pedro, a mis pies se quedan.
Todo para ver si mi sueño llega.

TRADICIONAL

Matthew, Mark, Luke, and John,
Bless the bed that I lie on.
Four corners to my bed,
Four angels round my head,
One to watch and one to pray,
And two to bear my soul away.

TRADITIONAL

Matías, Marcos, Lucas, y Juan,
bendigan la cama donde me voy a acostar.
Mi cama tiene cuatro esquinas,
y hay cuatro ángeles que la vigilan.
Uno para velar, otro para rezar,
y dos para que mi alma se pueda liberar.

TRADICIONAL

Hush! my dear, lie still and slumber.
Holy angels guard thy bed!
Heavenly blessings without number
Gently falling on thy head.

Sleep, my babe; thy food and clothing,
House and home, thy friends provide;
All without thy care or payment,
All thy wants are well supplied.

How much better thou'rt attended
Than the Son of God could be,
When from heaven He descended
And became a child like thee!

¡**Sh**h! cariño, quédate quieto y duerme.
¡Los santos ángeles cuidan tu cama!
Innumerables bendiciones vienen
a acariciar tu cabeza hasta mañana.

Duerme, bebé; tu ropa y tu alimento,
tu casa y tu hogar, tus amigos te darán;
sin pedir nada a cambio de tu sustento:
todo lo que quieras, lo tendrás.

Tú tendrás más atenciones
que las que tuvo el Hijo de Dios,
cuando bajó de los cielos
¡y era un niño como tú!

Good night! Good night!
Far flies the light;
But still God's love
Shall flame above,
Making all bright.
Good night! Good night!

VICTOR HUGO (1802–1885)

¡**B**uenas noches! ¡Buenas noches!
La luz muy lejos se irá;
pero el amor de Dios
aún arriba brillará,
y todo luminoso será.
¡Buenas noches! ¡Buenas noches!
VICTOR HUGO (1802–1885)

I see the moon,
And the moon sees me;
God bless the moon,
And God bless me.

ANONYMOUS

Yo veo la luna
y la luna me ve a mí.
Que Dios bendiga a la luna
y que Dios me bendiga a mí.

ANÓNIMO

The moon shines bright,
The stars give light
Before the break of day;
God bless you all
Both great and small
And send a joyful day.

TRADITIONAL

La luna brilla y resplandece,
con las estrellas, la luz aparece.
Antes de que termine el día;
Dios los bendice a todos
sean pequeños o grandes
y les envía alegría.

TRADICIONAL

Dear God,
I'm staying over with my friend tonight.
We'll have a terrific time and not fight.
We'll eat too much; we'll jump on beds and have a laugh.
So when you come to look for me and it's dark,
I won't be in my bed.
I'll be with my friend instead.

Querido Dios,
esta noche con un amigo me quedo a dormir.
No pelearemos, nos vamos a divertir.
Comeremos mucho, saltaremos sobre las camas
y haremos bromas.
Así que si al venir Tú a verme, ninguna luz asoma,
no estaré en mi cama.
Estaré en la de mi amigo, que me acompaña.

Day is done,
Gone the sun
From the lake,
From the hills,
From the sky.
Safely rest,
All is well!
God is nigh.

ANONYMOUS

El día pasó,
el sol partió
desde el lago,
las colinas,
desde el cielo,
el descanso domina.
¡Todo está bien!
Dios nos ilumina.

ANÓNIMO

Lord, keep us safe this night,
Secure from all our fears;
May angels guard us while we sleep,
Till morning light appears.

JOHN LELAND (1754–1841)

Señor, mantén a todos seguros esta noche,
a salvo de nuestros temores;
quizás los ángeles velen por nuestros sueños,
hasta que la luz de la mañana asome.

JOHN LELAND (1754–1841)

Watch, O Lord,
with those who wake,
or watch or weep tonight,
and give your angels charge
over those who sleep.

Tend your sick ones,
O Lord Jesus Christ;
rest your weary ones;
bless your dying ones;
soothe your suffering ones;
pity your afflicted ones;
shield your joyous ones;
and all for your love's sake.

SAINT AUGUSTINE OF HIPPO (354–430)

Vigila, mi Señor,
a aquellos que se despiertan,
observan o lloran esta noche.
Y envía a tus ángeles a
cuidar a quienes duermen.

A velar por quienes están enfermos.
Mi Señor Jesucristo,
dales descanso a los exhaustos,
bendice a los moribundos,
alivia a los que sufren,
apiádate de los afligidos,
protege a los que están felices;
y todo por el bien de tu amor.

SAN AGUSTÍN DE HIPPO (354–430)

When I put my hands together,
When I say a prayer,
When I stop and say your name,
You are there.

Cuando junto mis manos,
cuando digo una oración,
cuando me detengo y pronuncio tu nombre,
Tú estás allí.

When I'm frightened of the dark,
When I've had a scare,
When I think I'm all alone,
You are there.

**Cuando le temo a la oscuridad,
cuando tengo un susto,
cuando siento que estoy solo,
Tú estás allí.**

Jesus, please be near me as I lie in bed tonight.
There's a dark place in the corner, and it's giving me a fright!
Mom says it's just a shadow, and shadows are thin air.
But I can see it grinning, and it's sitting in my chair!
Please shine your light, dear Jesus, so that I can see
The shadow's really nothing now you are close to me.

Jesús, esta noche quédate a mi lado.

¡Hay un rincón muy oscuro y yo estoy asustado!

Mamá dice que es sólo una sombra y las sombras no son nada.

¡Pero puedo ver que sonríe y en mi silla está sentada!

Para que pueda ver, Jesús, prende tu luz.

La sombra ya no existe y el que está aquí eres Tú.

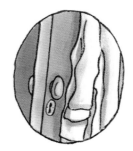

It's time to sleep.
I've brushed my teeth
and read my book.
I've put my bathrobe
on the hook,
and —

I just can't sleep.
The bed's too hot.
The light's too bright,
There's far too many
sounds tonight,
but —

Es hora de dormir.
Ya cepillé mis dientes
y leí mi libro.
Puse mi bata
en el perchero
y...

todavía no puedo dormir.
Hace calor en la cama.
La luz es muy brillante,
hay demasiados
ruidos esta noche,
pero...

I still can't sleep.
I've shut my eyes.
I've said a prayer,
"God bless children
everywhere,"
then —

Perhaps I'll sleep.
I think I might.
I think I'll —yawn—
turn out the light.
Good night.
Zzzzz

...todavía no puedo dormir.
Cerré mis ojos.
Dije una oración,
"Bendice, Dios, a los niños
del mundo".
Luego...

quizás me duerma.
Creo que podré.
Creo que —aauuum—
la luz apagaré.
Buenas noches.
Zzzzz

INDEX OF FIRST LINES

ÍNDICE DE LAS PRIMERAS LÍNEAS